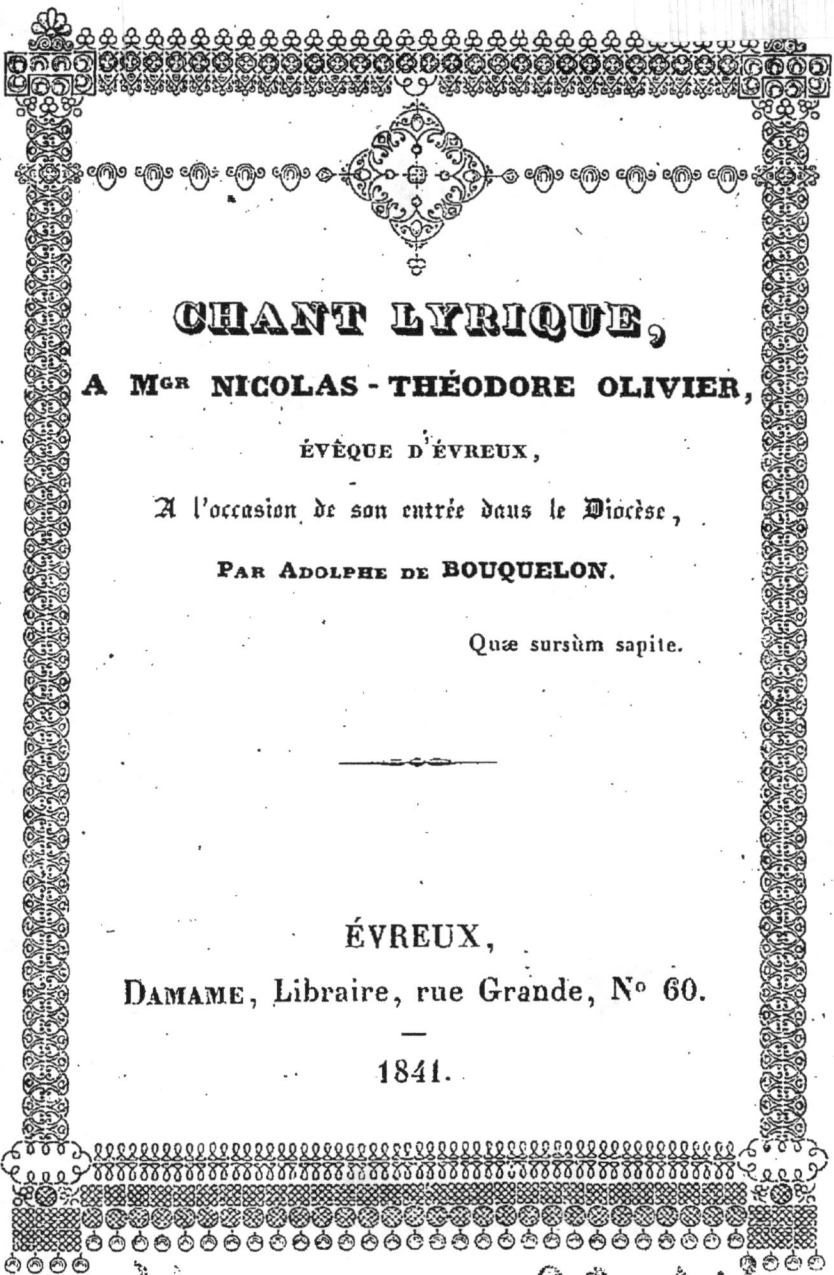

CHANT LYRIQUE,

A Mgr NICOLAS - THÉODORE OLIVIER,

ÉVÊQUE D'ÉVREUX,

A l'occasion de son entrée dans le Diocèse,

Par Adolphe de BOUQUELON.

Quæ sursùm sapite.

———⋅⋙⋘⋅———

ÉVREUX,

DAMAME, Libraire, rue Grande, N° 60.

—

1841.

CHANT LYRIQUE,

A MGR NICOLAS-THÉODORE OLIVIER,

ÉVÊQUE D'ÉVREUX,

A l'occasion de son entrée dans le Diocèse,

PAR ADOLPHE DE BOUCLON.

Quæ sursùm sapite.

ÉVREUX,

DAMAME, Libraire, rue Grande, N° 60.

—

1841.

Ecce super montes pedes evangelizantis, et annuntiantis pacem : celebra, Juda, festivitates tuas, et redde vota tua.

Voici sur les montagnes les pieds de celui qui évangélise, et annonce la paix : célèbre, ô Juda, tes solennités, et répands tes vœux.

(Prophétie de Nahum, chap. I, v. 15.)

CHANT LYRIQUE.

———◦———

I.

Si dans cet heureux jour tu pouvais, ô ma lyre !
Égaler par tes chants ou l'onde qui soupire
    En coulant sur nos bords,

Ou le Cygne à la voix pleine de mélodie,
Lorsque mourant il fait ses adieux à la vie
    Par de divins accords;

Si, comme le pasteur chantant sur la colline
Quand sur son char de feu l'astre du jour s'incline
    Vers un autre univers,

Au bruit de tes doux sons je voyais éperdue
S'extasier la foule et rester suspendue
    Au charme de mes vers;

Si le front couronné d'un rayon de génie
J'arrachais de ton sein une mâle harmonie,
    Des cris, des pleurs, des vœux,

Ou de brûlants soupirs comme sont ceux des Anges
Quand réunis en chœur ils chantent des louanges
      Au Roi béni des cieux :

O ma lyre, dis-moi quand mes mains palpitantes
Nous feraient résonner tes cordes frémissantes
      Pour qui seraient tes chants ?

Dis-moi, dis-moi le nom que l'écho du rivage
Roulerait glorieux sous le mobile ombrage
      Sensible à tes accents ?

II.

Le nom du Pontife que guide
Le flambeau de la vérité,
Qui marche d'un pas intrépide
Dans la route de l'équité ;
De celui qui jamais n'immole
Aux pieds d'une brillante idole
Sa vertu, sa religion ;
De celui dont la belle vie
Reluit sur mon âme ravie
Comme fait le plus doux rayon.

Remplis du plus noble courage
Les saints Pontifes autrefois
Pour abattre un dur esclavage
Elevaient leur puissante voix :
Le Pontife aussi que j'honore
Sur tout orphelin qui l'implore
Attendrit le riche puissant ;
Il parle, à sa voix l'opulence
S'en va répandre l'abondance
Dans le sein du pauvre souffrant.

La prière ravit son âme
Sur le sein du Dieu créateur ;
De la vérité qui l'enflamme
Il se montre le défenseur :
Son éloquence est un tonnerre
Dont le bruit confond sur la terre
Ses ennemis audacieux ;
Pour les réduire tous en poudre,
Aigle, il ira prendre la foudre
Aux mains du Monarque des cieux.

**

Qu'ils sont brillants sur les montagnes
Les pieds du divin Messager
Qui vient au sein de nos campagnes
Planter son rameau d'olivier !
Peuples, bannissez la tristesse,
Et tous frémissaut d'allégresse
Laissez-vous prendre à ses bienfaits ;
Vous le verrez, pleins d'espérance,
Armé de sa douce éloquence
Vous évangéliser la paix.

Que si vous flétrissiez son zèle
De quelque nom injurieux,
C'est que de sa foi sainte et belle
L'éclat trop vif blesse vos yeux :
Tel on voit par des cris funèbres
L'oiseau, triste amant des ténèbres
Insulter le flambeau du jour ;
L'astre d'un seul trait de lumière
Le fait rentrer dans la poussière
De son noir et honteux séjour.

III.

Mais quoi ! sous mes doigts, ô ma lyre !
Tu murmures comme un roseau
Que balance un léger zéphire
Qui vient mêler sa plainte à la plainte de l'eau.

Lyre, qui t'a blessée
Pour résonner ainsi sur un mode nouveau ?
Est-ce ma main lassée,
Ou le souffle du vent, ou l'aile d'un oiseau ?

Une colombe au sein timide
Qui porte un rameau d'olivier
En passant d'une aile rapide,
O lyre ! vient de t'effleurer.

A cette colombe aimée,
O lyre, consacrons notre plus doux accord,
Dis quel heureux rivage a vu prendre l'essor
A son aile parfumée.

IV.

Nous vient-elle des lieux
Où la brillante aurore
De ses rayons colore
L'horizon radieux ?

Est-ce elle, qui vers l'arche
Apportait en volant
Le rameau verdoyant
Que prit un Patriarche !

A l'ombre des ormeaux
Mollement balancée,
O colombe, es-tu née
Dans un doux nid d'oiseaux?

Non, voyez, son vol tombe
Du séjour glorieux !
Bénissons la colombe
Messagère des cieux.

Cette parole amie,
Je vous porte la paix,
Dans cette triste vie
Ne retentit jamais.

Pour nous donner la joie
Que cause un mot si doux,
Le ciel lui-même envoie
Ses messagers vers nous.

V.

La paix ! c'est le salut des anges
Au fils de Nun, à Gédéon
Quand sous les drapeaux de Sion
Ils rangeaient leurs saintes phalanges :
C'est le salut de Raphaël
Quand, l'âme en extase ravie,
Les yeux de l'aveugle Tobie
Le virent remonter au séjour éternel.

VI.

Aux murs de Bethléem, sous une humble chaumière,
Quand le divin Jésus naissait petit enfant,

Les séraphins du ciel rayonnants de lumière
Révélaient aux bergers cet hymne triomphant :
Au Dieu qui dans ses mains tient les feux du tonnerre
    Gloire au plus haut des cieux !
    Et dans ce jour heureux,
A vous la douce paix, habitants de la terre !

Les disciples tremblaient sur les flots en courroux :
Soudain, comme un fantôme, au milieu de l'orage,
Jésus paraît et dit : la paix soit avec vous !
Et la barque aussitôt s'enfuit vers le rivage.
Ils pleuraient Jésus mort, et Jésus glorieux
    Avec cette parole
    Lui-même les console :
C'est moi, ne craignez pas, la paix soit dans ces lieux !

VII.

    Au fond du sanctuaire
    Je pleurais solitaire
Celui qui n'était plus, le vieillard que j'aimais :
    Salut à toi, colombe !
    Sur le bord d'une tombe
Avec un vert rameau tu m'apportes la paix.

VIII.

Non, non, tu n'es pas née
A l'ombre des ormeaux
Dans un doux nid d'oiseaux,
Colombe fortunée !

Du séjour éternel
C'est lui, lui qui t'envoie
Nous apporter la joie,
Oiseau chéri du ciel !

O colombe chérie,
Toujours *franc et sans dol*
Quand tu prenais ton vol
Sans doute il t'a bénie !

Vers notre orbe roulant
Tu connais bien la route :
De la céleste voûte
Tu descendis souvent.

Tu couvris de ton aile
Jésus sur le Jourdain :
Car tu parus soudain
Sur sa tête immortelle.

Quand des langues de feu,
Selon l'antique oracle,
Reposaient au cénacle
Sur les amis de Dieu,

Tout-à-coup dans la nue
Rayonnante de feux,
On te vit suspendue
Planer au-dessus d'eux.

Sur quel bord pacifique
As-tu pris le rameau
Que tu tiens vert et beau
Colombe séraphique !

IX.

Dans la sainte Sion lorsque Jésus entrait,
Sur ses pas triomphants le peuple se pressait ;

Transporté de bonheur il criait dans sa joie
Béni, béni celui que le Seigneur envoie !
De rameaux d'olivier, de palmes du Jourdain,
De ses habits flottants il jonchait le chemin :
 Au bruit de ses louanges
 Les brillants chœurs des anges
Des hauteurs de leurs cieux avec joie accourus
Ravirent un rameau sous les pas de Jésus.

X.

O colombe bénie,
Tu viens nous apporter
Dans la cité ravie
Ce rameau d'olivier !

Viens habiter nos plaines,
Viens vivre parmi nous,
Viens ! pour toi nos fontaines
Coulent des flots plus doux.

Pour toi l'Iton rapide
Roule une eau plus limpide ;
Viens, pour toi dans les airs
Résonnent nos concerts.

Imprimerie de Jules ANCELLE.

www.ingramcontent.com/pod-product-compliance
Lightning Source LLC
Chambersburg PA
CBHW060722280326
41933CB00013B/2533